THE CAPTAIN'S VERSES
(Los versos del Capitán)

THE CAPTAIN'S VERSES
(Los versos del Capitán)

PABLO NERUDA

Translated by Donald D. Walsh

A NEW DIRECTIONS BOOK

First published clothbound and as New Directions Paperbook 345 in 1972
Published simultaneously in Canada by Penguin Books Canada Limited.

Manufactured in the United States of America

New Directions Books are published for James Laughlin
by New Directions Publishing Corporation,
80 Eighth Avenue, New York 10011

TENTH PRINTING

INTRODUCTION

Pablo Neruda, the poet and activist who is now Chilean ambassador to France, is often held to be the greatest poet of this century writing in any language. He is a fierily political poet, the author of *España en el corazón* ("Spain in Our Hearts," 1937), one of the noblest expressions of the agony of the Spanish Republic. He is also a fiery poet of love: *Veinte poemas de amor y una canción desesperada* ("Twenty Love Poems and a Song of Despair," 1924), *Cien sonetos de amor* ("A Hundred Love Sonnets," 1959).

Los versos del Capitán is another of Neruda's volumes of love poetry. In it he writes simply, directly, forcefully, earthily of his love for and his lover's quarrels with Matilde Urrutia, whom he married in 1955. Perhaps because of the autobiographical nature of the poems, Neruda published them anonymously in 1952. Later, in an "Explanation" prefacing a 1963 edition that acknowledged the work as his own, he wrote (and I translate): "There has been much discussion about the anonymity of this book. What I debated with myself, meanwhile, was whether or not I should remove it from its intimate origin: to reveal its source was to strip bare the intimacy of its birth. And it did not seem to me that such an action would be loyal to the ecstasies of love and fury, to the disconsolate and ardent climate that gave birth to it.

"In some ways I think that all books should be anonymous. But between removing my name from all my books and restoring it to the most mysterious one, I yielded, finally, though with no great pleasure.

"Why did I preserve its mystery so long? For no reason and for all reasons, for this and for that, for improper joys, for alien sufferings. When Paolo Ricci, luminous companion, printed it for the first time in Naples in 1952, we thought that the few copies that he prepared with superb care would disappear and leave no traces in the southern sands.

"It didn't turn out that way. And the life that demanded its secret explosion now imposes it on me as the presence of lasting love.

"And so I present this book with no further explanation, as if it were mine and not mine: it is enough that it should be able to go through the world on its own and grow by itself. Now that I recognize it I hope that its furious blood will recognize me, too."

Since Neruda expresses his poetic ideas very simply and directly, it is possible to translate him quite literally with no loss of validity, as will be seen by any reader with a knowledge of the two languages.

Four of these translations ("In You the Earth," "The Queen," "The Potter," "Night on the Island") have been published in *The Atlantic Monthly* and the translator hereby gratefully acknowledges permission to reprint them.

Madison, Connecticut/November, 1972   D.D.W.

NOTE: Pablo Neruda died in a hospital in Santiago, Chile on September 23, 1973.

CONTENTS

THE CAPTAIN'S VERSES
(Los versos del Capitán)

EL AMOR

EN TI LA TIERRA

Pequeña
rosa,
rosa pequeña,
a veces,
diminuta y desnuda,
parece
que en una mano mía
cabes,
que así voy a cerrarte
y llevarte a mi boca,
pero
de pronto
mis pies tocan tus pies y mi boca tus labios:
has crecido,
suben tus hombros como dos colinas,
tus pechos se pasean por mi pecho,
mi brazo alcanza apenas a rodear la delgada
línea de luna nueva que tiene tu cintura:
en el amor como agua de mar te has desatado:
mido apenas los ojos más extensos del cielo
y me inclino a tu boca para besar la tierra.

LOVE

IN YOU THE EARTH

Little
rose,
roselet,
at times,
tiny and naked,
it seems
as though you would fit
in one of my hands,
as though I'll clasp you like this
and carry you to my mouth,
but
suddenly
my feet touch your feet and my mouth your lips:
you have grown,
your shoulders rise like two hills,
your breasts wander over my breast,
my arm scarcely manages to encircle the thin
new-moon line of your waist:
in love you have loosened yourself like sea water:
I can scarcely measure the sky's most spacious eyes
and I lean down to your mouth to kiss the earth.

LA REINA

Yo te he nombrado reina.
Hay más altas que tú, más altas.
Hay más puras que tú, más puras.
Hay más bellas que tú, hay más bellas.

Pero tú eres la reina.

Cuando vas por las calles
nadie te reconoce.
Nadie ve tu corona de cristal, nadie mira
la alfombra de oro rojo
que pisas cuando pasas,
la alfombra que no existe.

Y cuando asomas
suenan todos los ríos
en mi cuerpo, sacuden
el cielo las campanas,
y un himno llena el mundo.

Sólo tú y yo,
sólo tú y yo, amor mío,
lo escuchamos.

THE QUEEN

I have named you queen.
There are taller ones than you, taller.
There are purer ones than you, purer.
There are lovelier than you, lovelier.

But you are the queen.

When you go through the streets
no one recognizes you.
No one sees your crystal crown, no one looks
at the carpet of red gold
that you tread as you pass,
the nonexistent carpet.

And when you appear
all the rivers sound
in my body, bells
shake the sky,
and a hymn fills the world.

Only you and I,
only you and I, my love,
listen to it.

EL ALFARERO

Todo tu cuerpo tiene
copa o dulzura destinada a mí.

Cuando subo la mano
encuentro en cada sitio una paloma
que me buscaba, como
si te hubieran, amor, hecho de arcilla
para mis propias manos de alfarero.

Tus rodillas, tus senos,
tu cintura
faltan en mí como en el hueco
de una tierra sedienta
de la que desprendieron
una forma,
y juntos
somos completos como un solo río,
como una sola arena.

THE POTTER

Your whole body has
a fullness or a gentleness destined for me.

When I move my hand up
I find in each place a dove
that was seeking me, as
if they had, love, made you of clay
for my own potter's hands.

Your knees, your breasts,
your waist
are missing parts of me like the hollow
of a thirsty earth
from which they broke off
a form,
and together
we are complete like a single river,
like a single grain of sand.

8 DE SEPTIEMBRE

Hoy, este día fue una copa plena,
hoy, este día fue la inmensa ola,
hoy, fue toda la tierra.

Hoy el mar tempestuoso
nos levantó en un beso
tan alto que temblamos
a la luz de un relámpago
y, atados, descendimos
a sumergirnos sin desenlazarnos.

Hoy nuestros cuerpos se hicieron extensos,
crecieron hasta el límite del mundo
y rodaron fundiéndose
en una sola gota
de cera o meteoro.

Entre tú y yo se abrió una nueva puerta
y alguien, sin rostro aún,
allí nos esperaba.

SEPTEMBER 8TH

Today, this day was a brimming cup,
today, this day was the immense wave,
today, it was all the earth.

Today the stormy sea
lifted us in a kiss
so high that we trembled
in a lightningflash
and, tied, we went down
to sink without untwining.

Today our bodies became vast,
they grew to the edge of the world
and rolled melting
into a single drop
of wax or meteor.

Between you and me a new door opened
and someone, still faceless,
was waiting for us there.

TUS PIES

Cuando no puedo mirar tu cara
miro tus pies.

Tus pies de hueso arqueado,
tus pequeños pies duros.

Yo sé que te sostienen,
y que tu dulce peso
sobre ellos se levanta.

Tu cintura y tus pechos,
la duplicada púrpura
de tus pezones,
la caja de tus ojos
que recién han volado,
tu ancha boca de fruta,
tu cabellera roja,
pequeña torre mía.

Pero no amo tus pies
sino porque anduvieron
sobre la tierra y sobre
el viento y sobre el agua,
hasta que me encontraron.

YOUR FEET

When I can not look at your face
I look at your feet.

Your feet of arched bone,
your hard little feet.

I know that they support you,
and that your gentle weight
rises upon them.

Your waist and your breasts,
the doubled purple
of your nipples,
the sockets of your eyes
that have just flown away,
your wide fruit mouth,
your red tresses,
my little tower.

But I love your feet
only because they walked
upon the earth and upon
the wind and upon the waters,
until they found me.

TUS MANOS

Cuando tus manos salen,
amor, hacia las mías,
qué me traen volando?
Por qué se detuvieron
en mi boca, de pronto,
por qué las reconozco
como si entonces, antes,
las hubiera tocado,
como si antes de ser
hubieran recorrido
mi frente, mi cintura?

Su suavidad venía
volando sobre el tiempo,
sobre el mar, sobre el humo,
sobre la primavera,
y cuando tú pusiste
tus manos en mi pecho,
reconocí esas alas
de paloma dorada,
reconocí esa greda
y ese color de trigo.

Los años de mi vida
yo caminé buscándolas.
Subí las escaleras,
crucé los arrecifes,
me llevaron los trenes,
las aguas me trajeron,

YOUR HANDS

When your hands go out,
love, toward mine,
what do they bring me flying?
Why did they stop
at my mouth, suddenly,
why do I recognize them
as if then, before,
I had touched them,
as if before they existed
they had passed over
my forehead, my waist?

Their softness came
flying over time,
over the sea, over the smoke,
over the spring,
and when you placed
your hands on my chest,
I recognized those golden
dove wings,
I recognized that clay
and that color of wheat.

All the years of my life
I walked around looking for them.
I went up the stairs,
I crossed the roads,
trains carried me,
waters brought me,

y en la piel de las uvas
me pareció tocarte.
La madera de pronto
me trajo tu contacto,
la almendra me anunciaba
tu suavidad secreta,
hasta que se cerraron
tus manos en mi pecho
y allí como dos alas
terminaron su viaje.

and in the skin of the grapes
I thought I touched you.
The wood suddenly
brought me your touch,
the almond announced to me
your secret softness,
until your hands
closed on my chest
and there like two wings
they ended their journey.

TU RISA

Quítame el pan, si quieres,
quítame el aire, pero
no me quites tu risa.

No me quites la rosa,
la lanza que desgranas,
el agua que de pronto
estalla en tu alegría,
la repentina ola
de plata que te nace.

Mi lucha es dura y vuelvo
con los ojos cansados
a veces de haber visto
la tierra que no cambia,
pero al entrar tu risa
sube al cielo buscándome
y abre para mí todas
las puertas de la vida.

Amor mío, en la hora
más oscura desgrana
tu risa, y si de pronto
ves que mi sangre mancha
las piedras de la calle,
ríe, porque tu risa
será para mis manos
como una espada fresca.

Junto al mar en otoño,
tu risa debe alzar
su cascada de espuma,
y en primavera, amor,
quiero tu risa como

YOUR LAUGHTER

Take bread away from me, if you wish,
take air away, but
do not take from me your laughter.

Do not take away the rose,
the lanceflower that you pluck,
the water that suddenly
bursts forth in your joy,
the sudden wave
of silver born in you.

My struggle is harsh and I come back
with eyes tired
at times from having seen
the unchanging earth,
but when your laughter enters
it rises to the sky seeking me
and it opens for me all
the doors of life.

My love, in the darkest
hour your laughter
opens, and if suddenly
you see my blood staining
the stones of the street,
laugh, because your laughter
will be for my hands
like a fresh sword.

Next to the sea in the autumn,
your laughter must raise
its foamy cascade,
and in the spring, love,
I want your laughter like

la flor que yo esperaba,
la flor azul, la rosa
de mi patria sonora.

Ríete de la noche,
del día, de la luna,
ríete de las calles
torcidas de la isla,
ríete de este torpe
muchacho que te quiere,
pero cuando yo abro
los ojos y los cierro,
cuando mis pasos van,
cuando vuelven mis pasos,
niégame el pan, el aire,
la luz, la primavera,
pero tu risa nunca
porque me moriría.

the flower I was waiting for,
the blue flower, the rose
of my echoing country.

Laugh at the night,
at the day, at the moon,
laugh at the twisted
streets of the island,
laugh at this clumsy
boy who loves you,
but when I open
my eyes and close them,
when my steps go,
when my steps return,
deny me bread, air,
light, spring,
but never your laughter
for I would die.

EL INCONSTANTE

Los ojos se me fueron
tras una morena que pasó.

Era de nácar negro,
era de uvas moradas,
y me azotó la sangre
con su cola de fuego.

Detrás de todas
me voy.

Pasó una clara rubia
como una planta de oro
balanceando sus dones.
Y mi boca se fue
como una ola
descargando en su pecho
relámpagos de sangre.

Detrás de todas
me voy.

Pero a ti, sin moverme,
sin verte, tú distante,
van mi sangre y mis besos,
morena y clara mía,
alta y pequeña mía,
ancha y delgada mía,
mi fea, mi hermosura,

THE FICKLE ONE

My eyes went away from me
following a dark girl who went by.

She was made of black mother-of-pearl,
made of dark-purple grapes,
and she lashed my blood
with her tail of fire.

After them all
I go.

A pale blonde went by
like a golden plant
swaying her gifts.
And my mouth went
like a wave
discharging on her breast
lightningbolts of blood.

After them all
I go.

But to you, without my moving,
without seeing you, distant you,
go my blood and my kisses,
my dark one and my fair one,
my tall one and my little one,
my broad one and my slender one,
my ugly one, my beauty,

hecha de todo el oro
y de toda la plata,
hecha de todo el trigo
y de toda la tierra,
hecha de toda el agua
de las olas marinas,
hecha para mis brazos,
hecha para mis besos,
hecha para mi alma.

made of all the gold
and of all the silver,
made of all the wheat
and of all the earth,
made of all the water
of the sea waves,
made for my arms,
made for my kisses,
made for my soul.

LA NOCHE EN LA ISLA

Toda la noche he dormido contigo
junto al mar, en la isla.
Salvaje y dulce eras entre el placer y el sueño,
entre el fuego y el agua.

Tal vez muy tarde
nuestros sueños se unieron
en lo alto o en el fondo,
arriba como ramas que un mismo viento mueve,
abajo como rojas raíces que se tocan.

Tal vez tu sueño
se separó del mío
y por el mar oscuro
me buscaba
como antes,
cuando aún no existías,
cuando sin divisarte
navegué por tu lado,
y tus ojos buscaban
lo que ahora
—pan, vino, amor y cólera—
te doy a manos llenas
porque tú eres la copa
que esperaba los dones de mi vida.

He dormido contigo
toda la noche mientras
la oscura tierra gira
con vivos y con muertos,
y al despertar de pronto
en medio de la sombra
mi brazo rodeaba tu cintura.

NIGHT ON THE ISLAND

All night I have slept with you
next to the sea, on the island.
Wild and sweet you were between pleasure and sleep,
between fire and water.

Perhaps very late
our dreams joined
at the top or at the bottom,
up above like branches moved by a common wind,
down below like red roots that touch.

Perhaps your dream
drifted from mine
and through the dark sea
was seeking me
as before,
when you did not yet exist,
when without sighting you
I sailed by your side,
and your eyes sought
what now—
bread, wine, love, and anger—
I heap upon you
because you are the cup
that was waiting for the gifts of my life.

I have slept with you
all night long while
the dark earth spins
with the living and the dead,
and on waking suddenly
in the midst of the shadow
my arm encircled your waist.

Ni la noche, ni el sueño
pudieron separarnos.

He dormido contigo
y al despertar, tu boca,
salida de tu sueño,
me dio el sabor de tierra,
de agua marina, de algas,
del fondo de tu vida,
y recibí tu beso
mojado por la aurora
como si me llegara
del mar que nos rodea.

Neither night nor sleep
could separate us.

I have slept with you
and on waking, your mouth,
come from your dream,
gave me the taste of earth,
of sea water, of seaweed,
of the depths of your life,
and I received your kiss
moistened by the dawn
as if it came to me
from the sea that surrounds us.

EL VIENTO EN LA ISLA

El viento es un caballo:
óyelo cómo corre
por el mar, por el cielo.

Quiere llevarme: escucha
cómo recorre el mundo
para llevarme lejos.

Escóndeme en tus brazos
por esta noche sola,
mientras la lluvia rompe
contra el mar y la tierra
su boca innumerable.

Escucha cómo el viento
me llama galopando
para llevarme lejos.

Con tu frente en mi frente,
con tu boca en mi boca,
atados nuestros cuerpos
al amor que nos quema,
deja que el viento pase
sin que pueda llevarme.

Deja que el viento corra
coronado de espuma,
que me llame y me busque
galopando en la sombra,
mientras yo, sumergido
bajo tus grandes ojos,
por esta noche sola
descansaré, amor mío.

WIND ON THE ISLAND

The wind is a horse:
hear how he runs
through the sea, through the sky.

He wants to take me: listen
how he roves the world
to take me far away.

Hide me in your arms
just for this night,
while the rain breaks
against sea and earth
its innumerable mouth.

Listen how the wind
calls to me galloping
to take me far away.

With your brow on my brow,
with your mouth on my mouth,
our bodies tied
to the love that consumes us,
let the wind pass
and not take me away.

Let the wind rush
crowned with foam,
let it call to me and seek me
galloping in the shadow,
while I, sunk
beneath your big eyes,
just for this night
shall rest, my love.

LA INFINITA

Ves estas manos? Han medido
la tierra, han separado
los minerales y los cereales,
han hecho la paz y la guerra,
han derribado las distancias
de todos los mares y ríos,
y sin embargo
cuando te recorren
a ti, pequeña,
grano de trigo, alondra,
no alcanzan a abarcarte,
se cansan alcanzando
las palomas gemelas
que reposan o vuelan en tu pecho,
recorren las distancias de tus piernas,
se enrollan en la luz de tu cintura.
Para mí eres tesoro más cargado
de inmensidad que el mar y sus racimos
y eres blanca y azul y extensa como
la tierra en la vendimia.
En ese territorio,
de tus pies a tu frente,
andando, andando, andando,
me pasaré la vida.

THE INFINITE ONE

Do you see these hands? They have measured
the earth, they have separated
minerals and cereals,
they have made peace and war,
they have demolished the distances
of all the seas and rivers,
and yet,
when they move over you,
little one,
grain of wheat, swallow,
they can not encompass you,
they are weary seeking
the twin doves
that rest or fly in your breast,
they travel the distances of your legs,
they coil in the light of your waist.
For me you are a treasure more laden
with immensity than the sea and its branches
and you are white and blue and spacious like
the earth at vintage time.
In that territory,
from your feet to your brow,
walking, walking, walking,
I shall spend my life.

BELLA

Bella,
como en la piedra fresca
del manantial, el agua
abre un ancho relámpago de espuma,
así es la sonrisa de tu rostro,
bella.

Bella,
de finas manos y delgados pies
como un caballito de plata,
andando, flor del mundo,
así te veo,
bella.

Bella,
con un nido de cobre enmarañado
en tu cabeza, un nido
color de miel sombría
donde mi corazón arde y reposa,
bella.

Bella,
no te caben los ojos en la cara,
no te caben los ojos en la tierra.

Hay países, hay ríos,
en tus ojos,
mi patria está en tus ojos,
yo camino por ellos,
ellos dan luz al mundo
por donde yo camino,
bella.

LOVELY ONE

Lovely one,
just as on the cool stone
of the spring, the water
opens a wide flash of foam,
so is the smile of your face,
lovely one.

Lovely one,
with delicate hands and slender feet
like a silver pony,
walking, flower of the world,
thus I see you,
lovely one.

Lovely one,
with a nest of copper entangled
on your head, a nest
the color of dark honey
where my heart burns and rests,
lovely one.

Lovely one,
your eyes are too big for your face,
your eyes are too big for the earth.

There are countries, there are rivers,
in your eyes,
my country is in your eyes,
I walk through them,
they light the world
through which I walk,
lovely one.

Bella,
tus senos son como dos panes hechos
de tierra cereal y luna de oro,
bella.

Bella,
tu cintura
la hizo mi brazo como un río cuando
pasó mil años por tu dulce cuerpo,
bella.

Bella,
no hay nada como tus caderas,
tal vez la tierra tiene
en algún sitio oculto
la curva y el aroma de tu cuerpo,
tal vez en algún sitio,
bella.

Bella, mi bella,
tu voz, tu piel, tus uñas,
bella, mi bella,
tu ser, tu luz, tu sombra,
bella,
todo eso es mío, bella,
todo eso es mío, mía,
cuando andas o reposas,
cuando cantas o duermes,
cuando sufres o sueñas,
siempre,
cuando estás cerca o lejos,
siempre,
eres mía, mi bella,
siempre.

Lovely one,
your breasts are like two loaves made
of grainy earth and golden moon,
lovely one.

Lovely one,
your waist,
my arm shaped it like a river when
it flowed a thousand years through your sweet body,
lovely one.

Lovely one,
there is nothing like your hips,
perhaps earth has
in some hidden place
the curve and the fragrance of your body,
perhaps in some place,
lovely one.

Lovely one, my lovely one,
your voice, your skin, your nails,
lovely one, my lovely one,
your being, your light, your shadow,
lovely one,
all that is mine, lovely one,
all that is mine, my dear,
when you walk or rest,
when you sing or sleep,
when you suffer or dream,
always,
when you are near or far,
always,
you are mine, my lovely one,
always.

LA RAMA ROBADA

En la noche entraremos
a robar
una rama florida.

Pasaremos el muro,
en las tinieblas del jardín ajeno,
dos sombras en la sombra.

Aún no se fue el invierno,
y el manzano aparece
convertido de pronto
en cascada de estrellas olorosas.

En la noche entraremos
hasta su tembloroso firmamento,
y tus pequeñas manos y las mías
robarán las estrellas.

Y sigilosamente,
a nuestra casa,
en la noche y la sombra,
entrará con tus pasos
el silencioso paso del perfume
y con pies estrellados
el cuerpo claro de la primavera.

THE STOLEN BRANCH

In the night we shall go in
to steal
a flowering branch.

We shall climb over the wall
in the darkness of the alien garden,
two shadows in the shadow.

Winter is not yet gone,
and the apple tree appears
suddenly changed
into a cascade of fragrant stars.

In the night we shall go in
up to its trembling firmament,
and your little hands and mine
will steal the stars.

And silently,
to our house,
in the night and the shadow,
with your steps will enter
perfume's silent step
and with starry feet
the clear body of spring.

EL HIJO

Ay hijo, sabes, sabes
de dónde vienes?

De un lago con gaviotas
blancas y hambrientas.

Junto al agua de invierno
ella y yo levantamos
una fogata roja
gastándonos los labios
de besarnos el alma,
echando al fuego todo,
quemándonos la vida.

Así llegaste al mundo.

Pero ella para verme
y para verte un día
atravesó los mares
y yo para abrazar
su pequeña cintura
toda la tierra anduve,
con guerras y montañas,
con arenas y espinas.

Así llegaste al mundo.

De tantos sitios vienes,
del agua y de la tierra,
del fuego y de la nieve,
de tan lejos caminas
hacia nosotros dos,
desde el amor terrible
que nos ha encadenado,

THE SON

Ah son, do you know, do you know
where you come from?

From a lake with white
and hungry gulls.

Next to the water of winter
she and I raised
a red bonfire
wearing out our lips
from kissing each other's souls,
casting all into the fire,
burning our lives.

That's how you came into the world.

But she, to see me
and to see you, one day
crossed the seas
and I, to clasp
her tiny waist,
walked all the earth,
with wars and mountains,
with sands and thorns.

That's how you came into the world.

You come from so many places,
from the water and the earth,
from the fire and the snow,
from so far away you journey
toward the two of us,
from the terrible love
that has enchained us,

que queremos saber
cómo eres, qué nos dices,
porque tú sabes más
del mundo que te dimos.

Como una gran tormenta
sacudimos nosotros
el árbol de la vida
hasta las más ocultas
fibras de las raíces
y apareces ahora
cantando en el follaje,
en la más alta rama
que contigo alcanzamos.

that we want to know
what you're like, what you say to us,
because you know more
about the world we gave you.

Like a great storm
we shook
the tree of life
down to the hiddenmost
fibers of the roots
and you appear now
singing in the foliage,
in the highest branch
that with you we reach.

LA TIERRA

La tierra verde se ha entregado
a todo lo amarillo, oro, cosechas,
terrones, hojas, grano,
pero cuando el otoño se levanta
con su estandarte extenso
eres tú la que veo,
es para mí tu cabellera
la que reparte las espigas.

Veo los monumentos
de antigua piedra rota,
pero si toco
la cicatriz de piedra
tu cuerpo me responde,
mis dedos reconocen
de pronto, estremecidos,
tu caliente dulzura.

Entre los héroes paso
recién condecorados
por la tierra y la pólvora
y detrás de ellos, muda,
con tus pequeños pasos,
eres o no eres?
Ayer, cuando sacaron
de raíz, para verlo,
el viejo árbol enano,
te vi salir mirándome
desde las torturadas
y sedientes raíces.

THE EARTH

The green earth has yielded
to everything yellow, gold, harvests,
farms, leaves, grain,
but when autumn rises
with its spacious banner
it is you that I see,
for me it is your hair
that separates the tassels.

I see the monuments
of ancient broken stone,
but if I touch
the stone scar
your body responds to me,
my fingers recognize
suddenly, shivering,
your warm sweetness.

I pass among the heroes
recently decorated
by the earth and the dust
and behind them, silent,
with your tiny steps,
is it you or not you?
Yesterday, when they pulled up
by the roots, to have a look at it,
the old dwarf tree,
I saw you come out looking at me
from the tortured
and thirsty roots.

Y cuando viene el sueño
a extenderme y llevarme
a mi propio silencio
hay un gran viento blanco
que derriba mi sueño
y caen de él las hojas,
caen como cuchillos
sobre mí desangrándome.

Y cada herida tiene
la forma de tu boca.

And when sleep comes
to stretch me out and take me
to my own silence
there is a great white wind
that destroys my sleep
and from it fall leaves,
they fall like knives
upon me, draining me of blood.

And each wound has
the shape of your mouth.

AUSENCIA

Apenas te he dejado,
vas en mí, cristalina
o temblorosa,
o inquieta, herida por mí mismo
o colmada de amor, como cuando tus ojos
se cierran sobre el don de la vida
que sin cesar te entrego.

Amor mío,
nos hemos encontrado
sedientos y nos hemos
bebido toda el agua y la sangre,
nos encontramos
con hambre
y nos mordimos
como el fuego muerde,
dejándonos heridas.

Pero espérame,
guárdame tu dulzura.
Yo te daré también
una rosa.

ABSENCE

I have scarcely left you
when you go in me, crystalline,
or trembling,
or uneasy, wounded by me
or overwhelmed with love, as when your eyes
close upon the gift of life
that without cease I give you.

My love,
we have found each other
thirsty and we have
drunk up all the water and the blood,
we found each other
hungry
and we bit each other
as fire bites,
leaving wounds in us.

But wait for me,
keep for me your sweetness.
I will give you too
a rose.

EL DESEO

EL TIGRE

Soy el tigre.
Te acecho entre las hojas
anchas como lingotes
de mineral mojado.

El río blanco crece
bajo la niebla. Llegas.

Desnuda te sumerges.
Espero.

Entonces en un salto
de fuego, sangre, dientes,
de un zarpazo derribo
tu pecho, tus caderas.

Bebo tu sangre, rompo
tus miembros uno a uno.

Y me quedo velando
por años en la selva
tus huesos, tu ceniza,
inmóvil, lejos
del odio y de la cólera,
desarmado en tu muerte,
cruzado por las lianas,
inmóvil en la lluvia,
centinela implacable
de mi amor asesino.

DESIRE

THE TIGER

I am the tiger.
I lie in wait for you among leaves
broad as ingots
of wet mineral.

The white river grows
beneath the fog. You come.

Naked you submerge.
I wait.

Then in a leap
of fire, blood, teeth,
with a claw slash I tear away
your bosom, your hips.

I drink your blood, I break
your limbs one by one.

And I remain watching
for years in the forest
over your bones, your ashes,
motionless, far
from hatred and anger,
disarmed in your death,
crossed by lianas,
motionless in the rain,
relentless sentinel
of my murderous love.

EL CONDOR

Yo soy el cóndor, vuelo
sobre ti que caminas
y de pronto en un ruedo
de viento, pluma, garras,
te asalto y te levanto
en un ciclón silbante
de huracanado frío.

Y a mi torre de nieve,
a mi guarida negra
te llevo y sola vives,
y te llenas de plumas
y vuelas sobre el mundo,
inmóvil en la altura.

Hembra cóndor, saltemos
sobre esta presa roja,
desgarremos la vida
que pasa palpitando
y levantemos juntos
nuestro vuelo salvaje.

THE CONDOR

I am the condor, I fly
over you who walk
and suddenly in a wheeling
of wind, feather, claws,
I assault you and I lift you
in a whistling cyclone
of hurricaned cold.

And to my tower of snow,
to my dark eyrie
I take you and you live alone,
and you cover yourself with feathers
and you fly above the world,
motionless on the heights.

Female condor, let us pounce
upon this red prey,
let us tear life
that passes throbbing
and lift together
our wild flight.

EL INSECTO

De tus caderas a tus pies
quiero hacer un largo viaje.

Soy más pequeño que un insecto.

Voy por estas colinas,
son de color de avena,
tienen delgadas huellas
que sólo yo conozco,
centímetros quemados,
pálidas perspectivas.

Aquí hay una montaña.
No saldré nunca de ella.
Oh qué musgo gigante!
Y un cráter, una rosa
de fuego humedecido!

Por tus piernas desciendo
hilando una espiral
o durmiendo en el viaje
y llego a tus rodillas
de redonda dureza
como a las cimas duras
de un claro continente.

Hacia tus pies resbalo,
a las ocho aberturas
de tus dedos agudos,
lentos, peninsulares,
y de ellos al vacío
de la sábana blanca
caigo, buscando ciego
y hambriento tu contorno
de vasija quemante!

THE INSECT

From your hips to your feet
I want to make a long journey.

I am smaller than an insect.

I go along these hills,
they are the color of oats,
they have slender tracks
that only I know,
burnt centimeters,
pale perspectives.

Here there is a mountain.
I'll never get out of it.
Oh what giant moss!
And a crater, a rose
of dampened fire!

Down your legs I come
spinning a spiral
or sleeping en route
and I come to your knees
of round hardness
as to the hard peaks
of a bright continent.

I slide toward your feet,
to the eight openings
of your sharp, slow,
peninsular toes,
and from them to the void
of the white sheet
I fall, seeking blind
and hungry your contour
of burning cup!

LAS FURIAS

EL AMOR

Qué tienes, qué tenemos,
qué nos pasa?
Ay nuestro amor es una cuerda dura
que nos amarra hiriéndonos
y si queremos
salir de nuestra herida,
separarnos,
nos hace un nuevo nudo y nos condena
a desangrarnos y quemarnos juntos.

Qué tienes? Yo te miro
y no hallo nada en ti sino dos ojos
como todos los ojos, una boca
perdida entre mil bocas que besé, más hermosas,
un cuerpo igual a los que resbalaron
bajo mi cuerpo sin dejar memoria.

Y qué vacía por el mundo ibas
como una jarra de color de trigo
sin aire, sin sonido, sin substancia!
Yo busqué en vano en ti
profundidad para mis brazos
que excavan, sin cesar, bajo la tierra:
bajo tu piel, bajo tus ojos
nada,
bajo tu doble pecho levantado
apenas
una corriente de orden cristalino
que no sabe por qué corre cantando.
Por qué, por qué, por qué,
amor mío, por qué?

THE FURIES

LOVE

What's wrong with you, with us,
what's happening to us?
Ah our love is a harsh cord
that binds us wounding us
and if we want
to leave our wound,
to separate,
it makes a new knot for us and condemns us
to drain our blood and burn together.

What's wrong with you? I look at you
and I find nothing in you but two eyes
like all eyes, a mouth
lost among a thousand mouths that I have kissed, more beautiful,
a body just like those that have slipped
beneath my body without leaving any memory.

And how empty you went through the world
like a wheat-colored jar
without air, without sound, without substance!
I vainly sought in you
depth for my arms
that dig, without cease, beneath the earth:
beneath your skin, beneath your eyes,
nothing,
beneath your double breast scarcely
raised
a current of crystalline order
that does not know why it flows singing.
Why, why, why,
my love, why?

SIEMPRE

Antes de ti
no tengo celos.

Ven con un hombre
a la espalda,
ven con cien hombres en tu cabellera,
ven con mil hombres entre tu pecho y tus pies,
ven como un río
lleno de ahogados
que encuentra el mar furioso,
la espuma eterna, el tiempo.

Tráelos todos
adonde yo te espero:
siempre estaremos solos,
siempre estaremos tú y yo
solos sobre la tierra
para comenzar la vida.

ALWAYS

Facing you
I am not jealous.

Come with a man
at your back,
come with a hundred men in your hair,
come with a thousand men between your bosom and your feet,
come like a river
filled with drowned men
that meets the furious sea,
the eternal foam, the weather.

Bring them all
where I wait for you:
we shall always be alone,
we shall always be, you and I,
alone upon the earth
to begin life.

EL DESVIO

Si tu pie se desvía de nuevo,
será cortado.

Si tu mano te lleva
a otro camino
se caerá podrida.

Si me apartas tu vida
morirás
aunque vivas.

Seguirás muerta o sombra,
andando sin mí por la tierra.

THE SLIP

If your foot slips again,
it will be cut off.

If your hand leads you
to another road
it will rot away.

If you take your life from me
you will die
even though you live.

You will go on dead or shade,
walking without me on the earth,

LA PREGUNTA

Amor, una pregunta
te ha destrozado.

Yo he regresado a ti
desde la incertidumbre con espinas.

Te quiero recta como
la espada o el camino.

Pero te empeñas
en guardar un recodo
de sombra que no quiero.

Amor mío,
compréndeme,
te quiero toda,
de ojos a pies, a uñas,
por dentro,
toda la claridad, la que guardabas.

Soy yo, amor mío,
quien golpea tu puerta.
No es el fantasma, no es
el que antes se detuvo
en tu ventana.
Yo echo la puerta abajo:
yo entro en toda tu vida:
vengo a vivir en tu alma:
tú no puedes conmigo.

Tienes que abrir puerta a puerta,
tienes que obedecerme,
tienes que abrir los ojos
para que busque en ellos,

THE QUESTION

Love, a question
has destroyed you.

I have come back to you
from thorny uncertainty.

I want you straight as
the sword or the road.

But you insist
on keeping a nook
of shadow that I do not want.

My love,
understand me,
I love all of you,
from eyes to feet, to toenails,
inside,
all the brightness, which you kept.

It is I, my love,
who knocks at your door.
It is not the ghost, it is not
the one who once stopped
at your window.
I knock down the door:
I enter all your life:
I come to live in your soul:
you can not cope with me.

You must open door to door,
you must obey me,
you must open your eyes
so that I may search in them,

tienes que ver cómo ando
con pasos pesados
por todos los caminos
que, ciegos, me esperaban.

No temas,
soy tuyo,
pero
no soy el pasajero ni el mendigo,
soy tu dueño,
el que tú esperabas,
y ahora entro
en tu vida,
para no salir más,
amor, amor, amor,
para quedarme.

you must see how I walk
with heavy steps
along all the roads
that, blind, were waiting for me.

Do not fear,
I am yours,
but
I am not the passenger or the beggar,
I am your master,
the one you were waiting for,
and now I enter
your life,
no more to leave it,
love, love, love,
but to stay.

LA PRODIGA

Yo te escogí entre todas las mujeres
para que repitieras
sobre la tierra
mi corazón que baila con espigas
o lucha sin cuartel cuando hace falta.

Yo te pregunto, dónde está mi hijo?

No me esperaba en ti, reconociéndome,
y diciéndome: "Llámame para salir sobre la tierra
a continuar tus luchas y tus cantos"?

Devuélveme a mi hijo!

Lo has olvidado en las puertas
del placer, oh pródiga
enemiga,
has olvidado que viniste a esta cita,
la más profunda, aquella
en que los dos, unidos, seguiremos hablando
por su boca, amor mío,
ay todo aquello
que no alcanzamos a decirnos?

Cuando yo te levanto en una ola
de fuego y sangre, y se duplica
la vida entre nosotros,
acuérdate
que alguien nos llama
como nadie jamás nos ha llamado

THE WASTER

I chose you among all women
so that you would repeat
on earth
my heart that dances with tassels
or fights without quarter when necessary.

I ask you, where is my son?

Wasn't I expecting myself in you, recognizing myself
and saying to myself: "Call me to come upon the earth
to continue your fights and your songs"?

Give me back my son!

Have you forgotten him in the doors
of pleasure, oh enemy
waster,
have you forgotten that you came to this tryst,
the deepest one, that one
in which we two, united, will go on saying
through his mouth, my love,
ah everything
that we did not manage to tell each other?

When I lift you up in a wave
of fire and blood, and life
doubles between us,
remember
that someone calls to us
as no one has ever called to us

y que no respondemos
y nos quedamos solos y cobardes
ante la vida que negamos.

Pródiga,
abre las puertas,
y que en tu corazón
el nudo ciego
se desenlace y vuele
con tu sangre y la mía
por el mundo!

and that we do not answer
and we are left lonely and cowardly
before the life that we deny.

Waster,
open the doors,
and in your heart let
the blind knot
loosen and fly
with your blood and mine
through the world!

EL DAÑO

Te he hecho daño, alma mía,
he desgarrado tu alma.

Entiéndeme.
Todos saben quién soy,
pero ese Soy
es además un hombre
para ti.

En ti vacilo, caigo
y me levanto ardiendo.
Tú entre todos los seres
tienes derecho
a verme débil.
Y tu pequeña mano
de pan y de guitarra
debe tocar mi pecho
cuando sale al combate.

Por eso busco en ti la firme piedra.
Asperas manos en tu sangre clavo
buscando tu firmeza
y la profundidad que necesito,
y si no encuentro
sino tu risa de metal, si no hallo
nada en qué sostener mis duros pasos,
adorada, recibe
mi tristeza y mi cólera,
mis manos enemigas
destruyéndote un poco
para que te levantes de la arcilla
hecha de nuevo para mis combates.

THE HURT

I have hurt you, my dear,
I have torn your soul.

Understand me.
Everyone knows who I am,
but that "I am"
is besides a man
for you.

In you I waver, fall
and rise up burning.
You among all beings
have the right
to see me weak.
And your little hand
of bread and guitar
must touch my breast
when it goes off to fight.

That's why I seek in you the firm stone.
Harsh hands I sink in your blood
seeking your firmness
and the depth that I need,
and if I find
only your metallic laughter, if I find
nothing on which to support my harsh steps
adored one, accept
my sadness and my anger,
my enemy hands
destroying you a little
so that you may rise from the clay
refashioned for my struggles.

EL POZO

A veces te hundes, caes
en tu agujero de silencio,
en tu abismo de cólera orgullosa,
y apenas puedes
volver, aún con jirones
de lo que hallaste
en la profundidad de tu existencia.

Amor mío, qué encuentras
en tu pozo cerrado?
Algas, ciénagas, rocas?
Qué ves con ojos ciegos,
rencorosa y herida?

Mi vida, no hallarás
en el pozo en que caes
lo que yo guardo para ti en la altura:
un ramo de jazmines con rocío,
un beso más profundo que tu abismo.

No me temas, no caigas
en tu rencor de nuevo.
Sacude la palabra mía que vino a herirte
y déjala que vuele por la ventana abierta.
Ella volverá a herirme
sin que tú la dirijas
puesto que fue cargada con un instante duro
y ese instante será desarmado en mi pecho.

THE WELL

At times you sink, you fall
into your hole of silence,
into your abyss of proud anger,
and you can scarcely
return, still bearing remnants
of what you found
in the depth of your existence.

My love, what do you find
in your closed well?
Seaweed, swamps, rocks?
What do you see with blind eyes,
bitter and wounded?

Darling, you will not find
in the well into which you fall
what I keep for you on the heights:
a bouquet of dewy jasmines,
a kiss deeper than your abyss.

Do not fear me, do not fall
into your rancor again.
Shake off my word that came to wound you
and let it fly through the open window.
It will return to wound me
without your guiding it
since it was laden with a harsh instant
and that instant will be disarmed in my breast.

Sonríeme radiosa
si mi boca te hiere.
No soy un pastor dulce
como en los cuentos de hadas,
sino un buen leñador que comparte contigo
tierra, viento y espinas de los montes.

Amame, tú, sonríeme,
ayúdame a ser bueno.
No te hieras en mí, que será inútil,
no me hieras a mí porque te hieres.

Smile at me radiant
if my mouth wounds you.
I am not a gentle shepherd
like the ones in fairy tales,
but a good woodsman who shares with you
earth, wind, and mountain thorns.

Love me, you, smile at me,
help me to be good.
Do not wound yourself in me, for it will be useless,
do not wound me because you wound yourself.

EL SUEÑO

Andando en las arenas
yo decidí dejarte.

Pisaba un barro oscuro
que temblaba,
y hundiéndome y saliendo,
decidí que salieras
de mí, que me pesabas
como piedra cortante,
y elaboré tu pérdida
paso a paso:
cortarte las raíces,
soltarte sola al viento.

Ay en ese minuto,
corazón mío, un sueño
con sus alas terribles
te cubría.

Te sentías tragada por el barro,
y me llamabas y yo no acudía,
te ibas, inmóvil,
sin defenderte
hasta ahogarte en la boca de arena.

Después
mi decisión se encontró con tu sueño,
y desde la ruptura
que nos quebraba el alma
surgimos limpios otra vez, desnudos,
amándonos
sin sueño, sin arena,
completos y radiantes,
sellados por el fuego.

THE DREAM

Walking on the sands
I decided to leave you.

I was treading a dark clay
that trembled
and I, sinking and coming out,
decided that you should come out
of me, that you were weighing me down
like a cutting stone,
and I worked out your loss
step by step:
to cut off your roots,
to release you alone into the wind.

Ah in that minute,
my dear, a dream
with its terrible wings
was covering you.

You felt yourself swallowed by the clay,
and you called to me and I did not come,
you were going, motionless,
without defending yourself
until you were smothered in the quicksand.

Afterwards
my decision encountered your dream,
and from the rupture
that was breaking our hearts
we came forth clean again, naked,
loving each other
without dream, without sand,
complete and radiant,
sealed by fire.

SI TU ME OLVIDAS

Quiero que sepas
una cosa.

Tú sabes cómo es esto:
si miro
la luna de cristal, la rama roja
del lento otoño en mi ventana,
si toco
junto al fuego
la impalpable ceniza
o el arrugado cuerpo de la leña,
todo me lleva a ti,
como si todo lo que existe,
aromas, luz, metales,
fueran pequeños barcos que navegan
hacia las islas tuyas que me aguardan.

Ahora bien,
si poco a poco dejas de quererme
dejaré de quererte poco a poco.

Si de pronto
me olvidas
no me busques,
que ya te habré olvidado.

Si consideras largo y loco
el viento de banderas
que pasa por mi vida
y te decides
a dejarme a la orilla
del corazón en que tengo raíces,
piensa
que en ese día,

IF YOU FORGET ME

I want you to know
one thing.

You know how this is:
if I look
at the crystal moon, at the red branch
of the slow autumn at my window,
if I touch
near the fire
the impalpable ash
or the wrinkled body of the log,
everything carries me to you,
as if everything that exists,
aromas, light, metals,
were little boats that sail
toward those isles of yours that wait for me.

Well, now,
if little by little you stop loving me
I shall stop loving you little by little.

If suddenly
you forget me
do not look for me,
for I shall already have forgotten you.

If you think it long and mad,
the wind of banners
that passes through my life,
and you decide
to leave me at the shore
of the heart where I have roots,
remember
that on that day,

a esa hora
levantaré los brazos
y saldrán mis raíces
a buscar otra tierra.

Pero
si cada día,
cada hora,
sientes que a mí estás destinada
con dulzura implacable,
si cada día sube
una flor a tus labios a buscarme,
ay amor mío, ay mía,
en mí todo ese fuego se repite,
en mí nada se apaga ni se olvida,
mi amor se nutre de tu amor, amada,
y mientras vivas estará en tus brazos
sin salir de los míos.

at that hour,
I shall lift my arms
and my roots will set off
to seek another land.

But
if each day,
each hour,
you feel that you are destined for me
with implacable sweetness,
if each day a flower
climbs up to your lips to seek me,
ah my love, ah my own,
in me all that fire is repeated,
in me nothing is extinguished or forgotten,
my love feeds on your love, beloved,
and as long as you live it will be in your arms
without leaving mine.

EL OLVIDO

Todo el amor en una copa
ancha como la tierra, todo
el amor con estrellas y espinas
te di, pero anduviste
con pies pequeños, con tacones sucios
sobre el fuego, apagándolo.

Ay gran amor, pequeña amada!

No me detuve en la lucha.
No dejé de marchar hacia la vida,
hacia la paz, hacia el pan para todos,
pero te alcé en mis brazos
y te clavé a mis besos
y te miré como jamás
volverán a mirarte ojos humanos.

Ay gran amor, pequeña amada!

Entonces no mediste mi estatura,
y al hombre que para ti apartó
la sangre, el trigo, el agua
confundiste
con el pequeño insecto que te cayó en la falda

Ay gran amor, pequeña amada!

No esperes que te mire en la distancia
hacia atrás, permanece
con lo que te dejé, pasea
con mi fotografía traicionada,

OBLIVION

All of love in a goblet
as wide as the earth, all
of love with stars and thorns
I gave you, but you walked
with little feet, with dirty heels
upon the fire, putting it out.

Ah great love, small beloved!

I did not stop in the struggle.
I did not stop marching toward life,
toward peace, toward bread for all,
but I lifted you in my arms
and I nailed you to my kisses
and I looked at you as never
again will human eyes look at you.

Ah great love, small beloved!

You did not then measure my stature,
and the man who for you put aside
blood, wheat, water,
you confused him
with the little insect that fell into your skirt.

Ah great love, small beloved!

Do not expect that I will look back at you
in the distance, stay
with what I left you, walk about
with my betrayed photograph,

yo seguiré marchando,
abriendo anchos caminos contra la sombra, haciendo
suave la tierra, repartiendo
la estrella para los que vienen.

Quédate en el camino.
Ha llegado la noche para ti.
Tal vez de madrugada
nos veremos de nuevo.

Ay gran amor, pequeña amada!

I shall go on marching,
opening broad roads against the shadow, making
the earth smooth, spreading
the star for those who come.

Stay on the road.
Night has fallen for you.
Perhaps at dawn
we shall see each other again.

Ah great love, small beloved!

LAS MUCHACHAS

Muchachas que buscabais
el gran amor, el gran amor terrible,
qué ha pasado, muchachas?

Tal vez
el tiempo, el tiempo!

Porque ahora,
aquí está, ved cómo pasa
arrastrando las piedras celestes,
destrozando las flores y las hojas,
con un ruido de espumas azotadas
contra todas las piedras de tu mundo,
con un olor de esperma y de jazmines,
junto a la luna sangrienta!

Y ahora
tocas el agua con tus pies pequeños,
con tu pequeño corazón
y no sabes qué hacer!

Son mejores
ciertos viajes nocturnos,
ciertos departamentos,
ciertos divertidísimos paseos,
ciertos bailes sin mayor consecuencia
que continuar el viaje!

Muérete de miedo o de frío,
o de duda,

GIRLS

You girls who were seeking
the great love, the great and terrible love,
what has happened, girls?

Perhaps
time, time!

Because now,
here it is, see how it passes
dragging the heavenly stones,
destroying flowers and leaves,
with a noise of foam lashed
against all the stones of your world,
with a smell of sperm and jasmine,
next to the bleeding moon!

And now
you touch the water with your little feet,
with your little heart
and you do not know what to do!

Better are
certain night journeys,
certain compartments,
certain most amusing walks,
certain dances with no greater consequence
than to continue the journey!

Die of fear or of cold,
or of doubt,

que yo con mis grandes pasos
la encontraré,
dentro de ti
o lejos de ti,
y ella me encontrará,
la que no temblará frente al amor,
la que estará fundida
conmigo
en la vida o la muerte!

for I with my huge steps
will find her,
within you
or far from you,
and she will find me,
she who will not tremble in the face of love,
she who will be fused
with me
in life or death!

TU VENIAS

No me has hecho sufrir
sino esperar.

Aquellas horas
enmarañadas, llenas
de serpientes,
cuando
se me caía el alma y me ahogaba,
tú venías andando,
tú venías desnuda y arañada,
tú llegabas sangrienta hasta mi lecho,
novia mía,
y entonces
toda la noche caminamos
durmiendo
y cuando despertamos
eras intacta y nueva,
como si el grave viento de los sueños
de nuevo hubiera dado
fuego a tu cabellera
y en trigo y plata hubiera sumergido
tu cuerpo hasta dejarlo deslumbrante.

Yo no sufrí, amor mío,
yo sólo te esperaba.
Tenías que cambiar de corazón
y de mirada
después de haber tocado la profunda
zona de mar que te entregó mi pecho.
Tenías que salir del agua
pura como una gota levantada
por una ola nocturna.

YOU WOULD COME

You have not made me suffer,
merely wait.

Those tangled
hours, filled
with serpents,
when
my heart stopped and I stifled,
you would come along,
you would come naked and scratched,
bleeding you would reach my bed,
my bride,
and then
all night we walked
sleeping
and when we woke up
you were intact and new,
as if the dark wind of dreams
had newly given
fire to your tresses
and in wheat and silver had submerged
your body and left it dazzling.

I did not suffer, my love,
I was only waiting for you.
You had to change heart
and vision
after having touched the deep
sea zone that my breast gave to you.
You had to leave the water
pure as a drop raised
by a night wave.

Novia mía, tuviste
que morir y nacer, yo te esperaba.
Yo no sufrí buscándote,
sabía que vendrías,
una nueva mujer con lo que adoro
de la que no adoraba,
con tus ojos, tus manos y tu boca
pero con otro corazón
que amaneció a mi lado
como si siempre hubiera estado allí
para seguir conmigo para siempre.

My bride, you had
to die and be born, I was waiting for you.
I did not suffer looking for you,
I knew that you would come,
a new woman with what I adore
out of the one that I did not adore,
with your eyes, your hands, and your mouth
but with another heart,
who was beside me at dawn
as if she had always been there
to go on with me forever.

LAS VIDAS

EL MONTE Y EL RIO

En mi patria hay un monte
En mi patria hay un río.

Ven conmigo.

La noche al monte sube.
El hambre baja al río.

Ven conmigo.

Quiénes son los que sufren?
No sé, pero son míos.

Ven conmigo.

No sé, pero me llaman
y me dicen: "Sufrimos."

Ven conmigo.

Y me dicen: "Tu pueblo,
tu pueblo desdichado,
entre el monte y el río,
con hambre y con dolores,
no quiere luchar solo,
te está esperando, amigo."

LIVES

THE MOUNTAIN AND THE RIVER

In my country there is a mountain.
In my country there is a river.

Come with me.

Night climbs up to the mountain.
Hunger goes down to the river.

Come with me.

Who are those who suffer?
I do not know, but they are my people.

Come with me.

I do not know, but they call to me
and they say to me: "We suffer."

Come with me.

And they say to me: "Your people,
your luckless people,
between the mountain and the river,
with hunger and grief,
they do not want to struggle alone,
they are waiting for you, friend."

Oh tú, la que yo amo,
pequeña, grano rojo
de trigo,

será dura la lucha,
la vida será dura,
pero vendrás conmigo.

LA POBREZA

Ay no quieres,
te asusta
la pobreza,
no quieres
ir con zapatos rotos al mercado
y volver con el viejo vestido.

Amor, no amamos,
como quieren los ricos,
la miseria. Nosotros
la extirparemos como diente maligno
que hasta ahora ha mordido el corazón del hombre.

Pero no quiero
que la temas.
Si llega por mi culpa a tu morada,
si la pobreza expulsa
tus zapatos dorados,
que no expulse tu risa que es el pan de mi vida.
Si no puedes pagar el alquiler
sal al trabajo con paso orgulloso,
y piensa, amor, que yo te estoy mirando
y somos juntos la mayor riqueza
que jamás se reunió sobre la tierra.

Oh you, the one I love,
little one, red grain
of wheat,

the struggle will be hard,
life will be hard,
but you will come with me.

POVERTY

Ah you don't want to,
you're scared
of poverty,
you don't want
to go to the market with worn-out shoes
and come back with the same old dress.

My love, we are not fond,
as the rich would like us to be,
of misery. We
shall extract it like an evil tooth
that up to now has bitten the heart of man.

But I don't want
you to fear it.
If through my fault it comes to your dwelling,
if poverty drives away
your golden shoes,
let it not drive away your laughter which is my life's bread.
If you can't pay the rent
go off to work with a proud step,
and remember, my love, that I am watching you
and together we are the greatest wealth
that was ever gathered upon the earth.

LAS VIDAS

Ay qué incómoda a veces
te siento
conmigo, vencedor entre los hombres!

Porque no sabes
que conmigo vencieron
miles de rostros que no puedes ver,
miles de pies y pechos que marcharon conmigo,
que no soy,
que no existo,
que sólo soy la frente de los que van conmigo,
que soy más fuerte
porque llevo en mí
no mi pequeña vida
sino todas las vidas,
y ando seguro hacia adelante
porque tengo mil ojos,
golpeo con peso de piedra
porque tengo mil manos
y mi voz se oye en las orillas
de todas las tierras
porque es la voz de todos
los que no hablaron,
de los que no cantaron
y cantan hoy con esta boca
que a ti te besa.

LIVES

Ah how ill at ease sometimes
I feel you are
with me, victor among men!

Because you do not know
that with me were victorious
thousands of faces that you can not see,
thousands of feet and hearts that marched with me,
that I am not,
that I do not exist,
that I am only the front of those who go with me,
that I am stronger
because I bear in me
not my little life
but all the lives,
and I walk steadily forward
because I have a thousand eyes,
I strike with the weight of a rock
because I have a thousand hands
and my voice is heard on the shores
of all the lands
because it is the voice of all
those who did not speak,
of those who did not sing
and who sing today with this mouth
that kisses you.

LA BANDERA

Levántate conmigo.

Nadie quisiera
como yo quedarse
sobre la almohada en que tus párpados
quieren cerrar el mundo para mí.
Allí también quisiera
dejar dormir mi sangre
rodeando tu dulzura.

Pero levántate,
tú, levántate,
pero conmigo levántate
y salgamos reunidos
a luchar cuerpo a cuerpo
contra las telarañas del malvado,
contra el sistema que reparte el hambre,
contra la organización de la miseria.

Vamos,
y tú, mi estrella, junto a mí,
recién nacida de mi propia arcilla,
ya habrás hallado el manantial que ocultas
y en medio del fuego estarás
junto a mí,
con tus ojos bravíos,
alzando mi bandera.

THE FLAG

Stand up with me.

No one would like
more than I to stay
on the pillow where your eyelids
try to shut out the world for me.
There too I would like
to let my blood sleep
surrounding your sweetness.

But stand up,
you, stand up,
but stand up with me
and let us go off together
to fight face to face
against the devil's webs,
against the system that distributes hunger,
against organized misery.

Let's go,
and you, my star, next to me,
newborn from my own clay,
you will have found the hidden spring
and in the midst of the fire you will be
next to me,
with your wild eyes,
raising my flag.

EL AMOR DEL SOLDADO

En plena guerra te llevó la vida
a ser el amor del soldado.

Con tu pobre vestido de seda,
tus uñas de piedra falsa,
te tocó caminar por el fuego.

Ven acá, vagabunda,
ven a beber sobre mi pecho
rojo rocío.

No querías saber dónde andabas,
eras la compañera de baile,
no tenías partido ni patria.

Y ahora a mi lado caminando
ves que conmigo va la vida
y que detrás está la muerte.

Ya no puedes volver a bailar
con tu traje de seda en la sala.

Te vas a romper los zapatos,
pero vas a crecer en la marcha.

Tienes que andar sobre las espinas
dejando gotitas de sangre.

Bésame de nuevo, querida.

Limpia ese fusil, camarada.

THE SOLDIER'S LOVE

In the midst of war life led you
to be the soldier's love.

With your poor silk dress,
your costume jewelry nails,
you were chosen to walk through the fire.

Come here, vagabond,
come and drink on my breast
red dew.

You didn't want to know where you were going,
you were the dancing partner,
you had no Party, no country.

And now walking at my side
you see that life goes with me
and that behind us is death.

Now you can't dance any more
with your silk dress in the ballroom.

You'll wear out your shoes,
but you'll grow on the march.

You have to walk on thorns
leaving little drops of blood.

Kiss me again, beloved.

Clean that gun, comrade.

NO SOLO EL FUEGO

Ay sí, recuerdo,
ay tus ojos cerrados
como llenos por dentro de luz negra,
todo tu cuerpo como una mano abierta,
como un racimo blanco de la luna,
y el éxtasis,
cuando nos mata un rayo,
cuando un puñal nos hiere en las raíces
y nos rompe una luz la cabellera,
y cuando
vamos de nuevo
volviendo a la vida,
como si del océano saliéramos,
como si del naufragio
volviéramos heridos
entre las piedras y las algas rojas.

Pero
hay otros recuerdos,
no sólo flores del incendio
sino pequeños brotes
que aparecen de pronto
cuando voy en los trenes
o en las calles.

Te veo
lavando mis pañuelos,
colgando en la ventana
mis calcetines rotos,
tu figura en que todo,
todo el placer como una llamarada
cayó sin destruirte,
de nuevo,

NOT ONLY THE FIRE

Ah yes, I remember,
ah your closed eyes
as if filled from within with black light,
your whole body like an open hand,
like a white cluster from the moon,
and the ecstacy,
when a lightningbolt kills us,
when a dagger wounds us in the roots,
and a light strikes our hair,
and when
again we gradually
return to life,
as if we emerged from the ocean,
as if from the shipwreck
we returned wounded
among the stones and the red seaweed.

But
there are other memories,
not only flowers from the fire
but little sprouts
that suddenly appear
when I go on trains
or in the streets.

I see you
washing my handkerchiefs,
hanging at the window
my worn-out socks,
your figure on which everything,
all pleasure like a flare-up,
fell without destroying you,
again,

mujercita
de cada día,
de nuevo ser humano,
humildemente humano,
soberbiamente pobre,
como tienes que ser para que seas
no la rápida rosa
que la ceniza del amor deshace
sino toda la vida,
toda la vida con jabón y agujas,
con el aroma que amo
de la cocina que tal vez no tendremos
y en que tu mano entre las papas fritas
y tu boca cantando en invierno
mientras llega el asado
serían para mí la permanencia
de la felicidad sobre la tierra.

Ay vida mía,
no sólo el fuego entre nosotros arde
sino toda la vida,
la simple historia,
el simple amor
de una mujer y un hombre
parecidos a todos.

little wife
of every day,
again a human being,
humbly human,
proudly poor,
as you have to be in order to be
not the swift rose
that love's ash dissolves
but all of life,
all of life with soap and needles,
with the smell that I love
of the kitchen that perhaps we shall not have
and in which your hand among the fried potatoes
and your mouth singing in the winter
until the roast arrives
would be for me the permanence
of happiness on earth.

Ah my life,
it is not only the fire that burns between us
but all of life,
the simple story,
the simple love
of a woman and a man
like everyone.

LA MUERTA

Si de pronto no existes,
si de pronto no vives,
yo seguiré viviendo.

No me atrevo,
no me atrevo a escribirlo,
si te mueres.

Yo seguiré viviendo.

Porque donde no tiene voz un hombre
allí, mi voz.

Donde los negros sean apaleados,
yo no puedo estar muerto.
Cuando entren en la cárcel mis hermanos
entraré yo con ellos.

Cuando la victoria,
no mi victoria
sino la gran victoria
llegue,
aunque esté mudo debo hablar:
yo la veré llegar aunque esté ciego.

No, perdóname.
Si tú no vives,
si tú, querida, amor mío,
si tú
te has muerto,

THE DEAD WOMAN

If suddenly you do not exist,
if suddenly you are not living,
I shall go on living.

I do not dare,
I do not dare to write it,
if you die.

I shall go on living.

Because where a man has no voice,
there, my voice.

Where blacks are beaten,
I can not be dead.
When my brothers go to jail
I shall go with them.

When victory,
not my victory
but the great victory
arrives,
even though I am mute I must speak:
I shall see it come even though I am blind.

No, forgive me.
If you are not living,
if you, beloved, my love,
if you
have died,

todas las hojas caerán en mi pecho,
lloverá sobre mi alma noche y día,
la nieve quemará mi corazón,
andaré con frío y fuego y muerte y nieve,
mis pies querrán marchar hacia donde tú duermes,
pero
seguiré vivo,
porque tú me quisiste sobre todas las cosas
indomable,
y, amor, porque tú sabes que soy no sólo un hombre
sino todos los hombres.

all the leaves will fall on my breast,
it will rain upon my soul night and day,
the snow will burn my heart,
I shall walk with cold and fire and death and snow,
my feet will want to march toward where you sleep,
but
I shall go on living,
because you wanted me to be, above all things,
untamable,
and, love, because you know that I am not just one man
but all men.

PEQUEÑA AMERICA

Cuando miro la forma
de América en el mapa,
amor, a ti te veo:
las alturas del cobre en tu cabeza,
tus pechos, trigo y nieve,
tu cintura delgada,
veloces ríos que palpitan, dulces
colinas y praderas
y en el frío del sur tus pies terminan
su geografía de oro duplicado.

Amor, cuando te toco
no sólo han recorrido
mis manos tu delicia
sino ramas y tierras, frutas y agua,
la primavera que amo,
la luna del desierto, el pecho
de la paloma salvaje,
la suavidad de las piedras gastadas
por las aguas del mar o de los ríos
y la espesura roja
del matorral en donde
la sed y el hambre acechan.
Y así mi patria extensa me recibe,
pequeña América, en tu cuerpo.

Aún más, cuando te veo recostada
veo en tu piel, en tu color de avena,
la nacionalidad de mi cariño.
Porque desde tus hombros
el cortador de caña
de Cuba abrasadora
me mira, lleno de sudor oscuro,

LITTLE AMERICA

When I look at the shape
of America on the map,
my love, it is you I see:
the heights of copper on your head,
your breasts, wheat and snow,
your slender waist,
swift throbbing rivers, sweet
hills and meadows
and in the cold of the south your feet end
its geography of duplicated gold.

Love, when I touch you
not only have my hands
explored your delight
but boughs and lands, fruits and water,
the springtime that I love,
the desert moon, the breast
of the wild dove,
the smoothness of stones worn away
by the waters of the sea or the rivers
and the red thickness
of the bush where
thirst and hunger lie in wait.
And thus my spacious country welcomes me,
little America, in your body.

Still more, when I see you lying down
I see in your skin, in your oaten color,
the nationality of my affection.
Because from your shoulders
the cane cutter
of blazing Cuba
looks at me, covered with dark sweat,

y desde tu garganta
pescadores que tiemblan
en las húmedas casas de la orilla
me cantan su secreto.
Y así a lo largo de tu cuerpo,
pequeña América adorada,
las tierras y los pueblos
interrumpen mis besos
y tu belleza entonces
no sólo enciende el fuego
que arde sin consumirse entre nosotros
sino que con tu amor me está llamando
y a través de tu vida
me está dando la vida que me falta
y al sabor de tu amor se agrega el barro,
el beso de la tierra que me aguarda.

and from your throat
fishermen who tremble
in the damp houses of the shore
sing to me their secret.
And so along your body,
little adored America,
the lands and the peoples
interrupt my kisses
and your beauty then
not only lights the fire
that burns unquenched among us
but with your love it is calling to me
and across your life
it is giving me the life that I lack
and to the taste of your love is added the clay,
the kiss of the earth that waits for me.

I

El sabor de tu boca y el color de tu piel,
piel, boca, fruta mía de estos días veloces,
dímelo, fueron sin cesar a tu lado
por años y por viajes y por lunas y soles
y tierra y llanto y lluvia y alegría
o sólo ahora, sólo
salen de tus raíces
como a la tierra seca el agua trae
germinaciones que no conocía,
o a los labios del cántaro olvidado
sube en el agua el gusto de la tierra?

No sé, no me lo digas, no lo sabes.
Nadie sabe estas cosas.
Pero acercando todos mis sentidos
a la luz de tu piel, desapareces,
te fundes como el ácido
aroma de una fruta
y el calor de un camino,
el olor del maíz que se desgrana,
la madreselva de la tarde pura,
los nombres de la tierra polvorienta,
el perfume infinito de la patria:
magnolia y matorral, sangre y harina,
galope de caballos,
la luna polvorienta de la aldea,
el pan recién nacido:
ay todo de tu piel vuelve a mi boca,
vuelve a mi corazón, vuelve a mi cuerpo,
y vuelvo a ser contigo
la tierra que tú eres:
eres en mí profunda primavera:
vuelvo a saber en ti cómo germino.

ODE AND BURGEONINGS

The taste of your mouth and the color of your skin,
skin, mouth, fruit of these swift days,
tell me, were they always beside you
through years and journeys and moons and suns
and earth and weeping and rain and joy
or is it only now that
they come from your roots,
only as water brings to the dry earth
burgeonings that it did not know,
or as to the lips of the forgotten jug
the taste of the earth rises in the water?

I don't know, don't tell me, you don't know.
Nobody knows these things.
But bringing all my senses close
to the light of your skin, you disappear,
you melt like the acid
aroma of a fruit
and the heat of a road,
and the smell of corn being stripped,
the honeysuckle of the pure afternoon,
the names of the dusty earth,
the infinite perfume of our country:
magnolia and thicket, blood and flour,
the gallop of horses,
the village's dusty moon,
newborn bread:
ah from your skin everything comes back to my mouth,
comes back to my heart, comes back to my body,
and with you I become again
the earth that you are:
you are deep spring in me:
in you I know again how I am born.

Años tuyos que yo debí sentir
crecer cerca de mí como racimos
hasta que hubieras visto cómo el sol y la tierra
a mis manos de piedra te hubieran destinado,
hasta que uva con uva hubieras hecho
cantar en mis venas el vino.
El viento o el caballo
desviándose pudieron
hacer que yo pasara por tu infancia,
el mismo cielo has visto cada día,
el mismo barro del invierno oscuro,
la enramada sin fin de los ciruelos
y su dulzura de color morado.
Sólo algunos kilómetros de noche,
las distancias mojadas
de la aurora campestre,
un puñado de tierra nos separó, los muros
transparentes
que no cruzamos, para que la vida,
después, pusiera todos
los mares y la tierra
entre nosotros, y nos acercáramos
a pesar del espacio,
paso a paso buscándonos,
de un océano a otro,
hasta que vi que el cielo se incendiaba
y volaba en la luz tu cabellera
y llegaste a mis besos con el fuego
de un desencadenado meteoro
y al fundirte en mi sangre, la dulzura
del ciruelo salvaje
de nuestra infancia recibí en mi boca,
y te apreté a mi pecho como
si la tierra y la vida recobrara.

Years of yours that I should have felt
growing near me like clusters
until you had seen how the sun and the earth
had destined you for my hands of stone,
until grape by grape you had made
the wine sing in my veins.
The wind or the horse
swerving were able
to make me pass through your childhood,
you have seen the same sky each day,
the same dark winter mud,
the endless branching of the plum trees
and their dark-purple sweetness.
Only a few miles of night,
the drenched distances
of the country dawn,
a handful of earth separated us, the transparent
walls
that we did not cross, so that life,
afterward, could put all
the seas and the earth
between us, and we could come together
in spite of space,
step by step seeking each other,
from one ocean to another,
until I saw that the sky was aflame
and your hair was flying in the light
and you came to my kisses with the fire
of an unchained meteor
and as you melted in my blood, the sweetness
of the wild plum
of our childhood I received in my mouth,
and I clutched you to my breast as
if I were regaining earth and life.

Mi muchacha salvaje, hemos tenido
que recobrar el tiempo
y marchar hacia atrás, en la distancia
de nuestras vidas, beso a beso,
recogiendo de un sitio lo que dimos
sin alegría, descubriendo en otro
el camino secreto
que iba acercando tus pies a los míos,
y así bajo mi boca
vuelves a ver la planta insatisfecha
de tu vida alargando sus raíces
hacia mi corazón que te esperaba.
Y una a una las noches
entre nuestras ciudades separadas
se agregan a la noche que nos une.
La luz de cada día,
su llama o su reposo,
nos entregan, sacándolos del tiempo,
y así se desentierra
en la sombra o la luz nuestro tesoro,
y así besan la vida nuestros besos:
todo el amor en nuestro amor se encierra:
toda la sed termina en nuestro abrazo.
Aquí estamos al fin frente a frente,
nos hemos encontrado,
no hemos perdido nada.
Nos hemos recorrido labio a labio,
hemos cambiado mil veces
entre nosotros la muerte y la vida,
todo lo que traíamos
como muertas medallas
lo echamos al fondo del mar,
todo lo que aprendimos
no nos sirvió de nada:
comenzamos de nuevo,

My wild girl, we have had
to regain time
and march backward, in the distance
of our lives, kiss after kiss,
gathering from one place what we gave
without joy, discovering in another
the secret road
that gradually brought your feet close to mine,
and so beneath my mouth
you see again the unfulfilled plant
of your life putting out its roots
toward my heart that was waiting for you.
And one by one the nights
between our separated cities
are joined to the night that unites us.
The light of each day,
its flame or its repose,
they deliver to us, taking them from time,
and so our treasure
is disinterred in shadow or light,
and so our kisses kiss life:
all love is enclosed in our love:
all thirst ends in our embrace.
Here we are at last face to face,
we have met,
we have lost nothing.
We have felt each other lip to lip,
we have changed a thousand times
between us death and life,
all that we were bringing
like dead medals
we threw to the bottom of the sea,
all that we learned
was of no use to us:
we begin again,

terminamos de nuevo
muerte y vida.
Y aquí sobrevivimos,
puros, con la pureza que nosotros creamos,
más anchos que la tierra que no pudo extraviarnos,
eternos como el fuego que arderá
cuanto dure la vida.

4

Cuando he llegado aquí se detiene mi mano.
Alguien pregunta:—Dime por qué, como las olas
en una misma costa, tus palabras
sin cesar van y vuelven a su cuerpo?
Ella es la sola forma que tú amas?
Y respondo:—Mis manos no se sacian
en ella, mis besos no descansan,
por qué retiraría las palabras
que repiten la huella de su contacto amado,
que se cierran guardando
inútilmente como en la red el agua
la superficie y la temperatura
de la ola más pura de la vida?
Y, amor, tu cuerpo no sólo es la rosa
que en la sombra o la luna se levanta,
no sólo es movimiento a quemadura,
acto de sangre o pétalo del fuego,
sino que para mí tú me has traído
mi territorio, el barro de mi infancia,
las olas de la avena,
la piel redonda de la fruta oscura
que arranqué de la selva,
aroma de maderas y manzanas,
color de agua escondida donde caen
frutos secretos y profundas hojas.
Oh amor, tu cuerpo sube
como una línea pura de vasija

we end again
death and life.
And here we survive,
pure, with the purity that we created,
broader than the earth that could not lead us astray,
eternal as the fire that will burn
as long as life endures.

4

When I reached here my hand stops.
Someone asks: "Tell me, why, like waves
on a single coast, do your words
endlessly go and return to her body?
Is she the only form that you love?"
And I answer: "My hands never tire
of her, my kisses do not rest,
why should I withdraw the words
that repeat the trace of her beloved contact,
words that close, uselessly
holding like water in a net
the surface and the temperature
of the purest wave of life?"
And, love, your body is not only the rose
that in shadow or moonlight rises,
it is not only movement or burning,
act of blood or petal of fire,
but to me you have brought
my territory, the clay of my childhood,
the waves of oats,
the round skin of the dark fruit
that I tore from the forest,
aroma of wood and apples,
color of hidden water where secret
fruits and deep leaves fall.
Oh love, your body rises
like the pure line of a goblet

desde la tierra que me reconoce
y cuando te encontraron mis sentidos
tú palpitaste como si cayeran
dentro de ti la lluvia y las semillas.
Ay que me digan cómo
pudiera yo abolirte
y dejar que mis manos sin tu forma
arrancaran el fuego a mis palabras.
Suave mía, reposa
tu cuerpo en estas líneas que te deben
más de lo que me das en tu contacto,
vive en estas palabras y repite
en ellas la dulzura y el incendio,
estremécete en medio de sus sílabas,
duerme en mi nombre como te has dormido
sobre mi corazón, y así mañana
el hueco de tu forma
guardarán mis palabras
y el que las oiga un día recibirá una ráfaga
de trigo y amapolas:
estará todavía respirando
el cuerpo del amor sobre la tierra!

5

Hilo de trigo y agua,
de cristal o de fuego,
la palabra y la noche,
el trabajo y la ira,
la sombra y la ternura,
todo lo has ido poco a poco cosiendo
a mis bolsillos rotos,
y no sólo en la zona trepidante
en que amor y martirio son gemelos
como dos campanas de incendio,
me esperaste, amor mío,

from the earth that knows me
and when my senses found you
you throbbed as though within you
rain and seeds were falling.
Ah let them tell me how
I could abolish you
and let my hands without your form
tear the fire from my words.
My gentle one, rest
your body in these lines that owe you
more than you give me through your touch,
live in these words and repeat
in them the sweetness and the fire,
tremble amid their syllables,
sleep in my name as you have slept
upon my heart, and so tomorrow
my words will keep
the hollow of your form
and he who hears them one day will receive a gust
of wheat and poppies;
the body of love will still
be breathing upon earth!

5

Thread of wheat and water,
of crystal or of fire,
word and night,
work and anger,
shadow and tenderness,
little by little you have sewn it all
into my threadbare pockets,
and not only in the tremorous zone
in which love and martyrdom are twins
like two fire bells,
did you wait for me, my love,

sino en las más pequeñas
obligaciones dulces.
El aceite dorado de Italia hizo tu nimbo,
santa de la cocina y la costura,
y tu coquetería pequeñuela,
que tanto se tardaba en el espejo,
con tus manos que tienen
pétalos que el jazmín envidiaría,
lavó los utensilios y mi ropa,
desinfectó las llagas.
Amor mío, a mi vida
llegaste preparada
como amapola y como guerrillera:
de seda el esplendor que yo recorro
con el hambre y la sed
que sólo para ti traje a este mundo,
y detrás de la seda
la muchacha de hierro
que luchará a mi lado.
Amor, amor, aquí nos encontramos.
Seda y metal, acércate a mi boca.

6

Y porque Amor combate
no sólo en su quemante agricultura
sino en la boca de hombres y mujeres,
terminaré saliéndoles al camino
a los que entre mi pecho y tu fragancia
quieren interponer su planta oscura.
De mi nada más malo
te dirán, amor mío,
de lo que yo te dije.
Yo viví en las praderas
antes de conocerte
y no esperé al amor sino que estuve
acechando y salté sobre la rosa.

but in the tiniest
sweet duties.
The golden oil of Italy made your nimbus,
saint of kitchen and sewing,
and your tiny coquetry,
that tarried so long at the mirror,
with your hands that have
petals that jasmine would envy,
washed the dishes and my clothes,
disinfected wounds.
My love, to my life
you came prepared
as a poppy and as a guerrilla fighter:
silken is the splendor that I stroke
with the hunger and thirst
that I brought to this world only for you,
and behind the silk
the girl of iron
who will fight at my side.
Love, love, here we are.
Silk and metal, come close to my mouth.

6

And because Love fights
not only in its burning agriculture
but in the mouths of men and women,
I shall end up by attacking
those who between my breast and your fragrance
try to interpose their dark foot.
They will tell you nothing
worse about me, my love,
than what I told you.
I lived in the meadows
before I knew you
and I did not wait for love but lay
in ambush and jumped upon the rose.

Qué más pueden decirte?
No soy bueno ni malo sino un hombre,
y agregarán entonces el peligro
de mi vida, que conoces
y que con tu pasión has compartido.
Y bien, este peligro
es peligro de amor, de amor completo
hacia toda la vida,
hacia todas las vidas,
y si este amor nos trae
la muerte o las prisiones,
yo estoy seguro que tus grandes ojos,
como cuando los beso,
se cerrarán entonces con orgullo,
con doble orgullo, amor,
con tu orgullo y el mío.
Pero hacia mis orejas vendrán antes
a socavar la torre
del amor dulce y duro que nos liga,
y me dirán:—Aquélla
que tú amas
no es mujer para ti,
por qué la quieres? Creo
que podrías hallar una más bella,
más seria, más profunda,
más otra, tú me entiendes, mírala qué ligera,
y qué cabeza tiene,
y mírala cómo se viste
y etcétera y etcétera.
Y yo en estas líneas digo:
así te quiero, amor,
amor, así te amo,
así como te vistes
y como se levanta
tu cabellera y como
tu boca se sonríe,

What more can they tell you?
I am not good or bad, just a man,
and they will then add the danger
of my life, which you know
and which with your passion you have shared.
Well, this danger
is danger of love, of complete love
toward all of life,
toward all lives,
and if this love brings
death or prison,
I am sure that your big eyes,
as when I kiss them,
will then close with pride,
with double pride, my love,
with your pride and mine.
But toward my ears they will first come
to undermine the tower
of the sweet and harsh love that binds us,
and they will say: "That one
that you love
is no woman for you,
why do you love her? I think
you could find one more beautiful,
more serious, more profound,
more other, you understand, look at her how flighty,
and what a head she has,
and look at her how she dresses
and so on and on."
And I in these lines say:
thus I love you, love,
love, thus I love you,
thus as you dress
and as your hair
lifts up and as
your mouth smiles,

ligera como el agua
del manantial sobre las piedras puras,
así te quiero, amada.
Al pan yo no le pido que me enseñe
sino que no me falte
durante cada día de la vida.
Yo no sé nada de la luz, de dónde
viene ni dónde va,
yo sólo quiero que la luz alumbre,
yo no pido a la noche
explicaciones,
yo la espero y me envuelve,
y así tú, pan y luz
y sombra eres.
Has venido a mi vida
con lo que tú traías,
hecha
de luz y pan y sombra te esperaba,
y así te necesito,
así te amo,
y a cuantos quieran escuchar mañana
lo que no les diré, que aquí lo lean,
y retrocedan hoy porque es temprano
para estos argumentos.
Mañana sólo les daremos
una hoja del árbol de nuestro amor, una hoja
que caerá sobre la tierra
como si la hubieran hecho nuestros labios,
como un beso que cae
desde nuestras alturas invencibles
para mostrar el fuego y la ternura
de un amor verdadero.

light as the water
from the spring upon the pure stones,
thus I love you, beloved.
Of bread I do not ask that it teach me
but that it not fail me
during each day of life.
I know nothing of light, where
it comes from or where it goes,
I only want light to light,
I do not ask explanations
of the night,
I wait for it and it envelops me,
and thus you are, bread
and light and shadow.
You came into my life
with what you brought,
I waited for you,
made of light and bread and shadow,
and thus I need you,
thus I love you,ˉ
and all those who want to hear tomorrow
what I shall not tell them, let them read it here,
and let them retreat today because it's too early
for these arguments.
Tomorrow we shall give them only
a leaf from the tree of our love, a leaf
that will fall upon the earth
as if our lips had made it,
like a kiss that falls
from our invincible heights
to show the fire and the tenderness
of a true love.

EPITALAMIO

Recuerdas cuando
en invierno
llegamos a la isla?
El mar hacia nosotros levantaba
una copa de frío.
En las paredes las enredaderas
susurraban dejando
caer hojas oscuras
a nuestro paso.
Tú eras también una pequeña hoja
que temblaba en mi pecho.
El viento de la vida allí te puso.
En un principio no te vi: no supe
que ibas andando conmigo,
hasta que tus raíces
horadaron mi pecho,
se unieron a los hilos de mi sangre,
hablaron por mi boca,
florecieron conmigo.
Así fue tu presencia inadvertida,
hoja o rama invisible,
y se pobló de pronto
mi corazón de frutos y sonidos.
Habitaste la casa
que te esperaba oscura
y encendiste las lámparas entonces.
Recuerdas, amor mío,
nuestros primeros pasos en la isla?
Las piedras grises nos reconocieron,
las rachas de la lluvia,
los gritos del viento en la sombra.
Pero fue el fuego
nuestro único amigo,
junto a él apretamos

EPITHALAMIUM

Do you remember when
in winter
we reached the island?
The sea raised toward us
a crown of cold.
On the walls the climbing vines
murmured letting
dark leaves fall
as we passed.
You too were a little leaf
that trembled on my chest.
Life's wind put you there.
At first I did not see you: I did not know
that you were walking with me,
until your roots
pierced my chest,
joined the threads of my blood,
spoke through my mouth,
flourished with me.
Thus was your inadvertent presence,
invisible leaf or branch,
and suddenly my heart
was filled with fruits and sounds.
You occupied the house
that darkly awaited you
and then you lit the lamps.
Do you remember, my love,
our first steps on the island?
The gray stones knew us,
the rain squalls,
the shouts of the wind in the shadow.
But the fire was
our only friend,
next to it we hugged

el dulce amor de invierno
a cuatro brazos.
El fuego vio crecer nuestro beso desnudo
hasta tocar estrellas escondidas,
y vio nacer y morir el dolor
como una espada rota
contra el amor invencible.
Recuerdas,
oh dormida en mi sombra,
cómo en ti crecía
el sueño,
de tu pecho desnudo
abierto con sus cúpulas gemelas
hacia el mar, hacia el viento de la isla,
y cómo yo en tu sueño navegaba
libre, en el mar y en el viento
atado y sumergido sin embargo
al volumen azul de tu dulzura?
Oh dulce, dulce mía,
cambió la primavera
los muros de la isla.
Apareció una flor como una gota
de sangre anaranjada,
y luego descargaron los colores
todo su peso puro.
El mar reconquistó su transparencia,
la noche en el cielo
destacó sus racimos
y ya todas las cosas susurraron
nuestro nombre de amor, piedra por piedra
dijeron nuestro nombre y nuestro beso.
La isla de piedra y musgo
resonó en el secreto de sus grutas
como en tu boca el canto,
y la flor que nacía
entre los intersticios de la piedra

the sweet winter love
with four arms.
The fire saw our naked kiss grow
until it touched hidden stars,
and it saw grief be born and die
like a broken sword
against invincible love.
Do you remember,
oh sleeper in my shadow,
how sleep would grow
in you,
from your bare breast
open with its twin domes
toward the sea, toward the wind of the island,
and how I in your dream sailed
free, in the sea and in the wind
yet tied and sunken
in the blue volume of your sweetness?
Oh sweet, my sweet,
spring changed
the island's walls.
A flower appeared like a drop
of orange blood,
and then the colors discharged
all their pure weight.
The sea reconquered its transparency,
night in the sky
outlined its clusters
and now all things murmured
our name of love, stone by stone
they said our name and our kiss.
The island of stone and moss
echoed in the secret of its grottoes
like the song in your mouth,
and the flower that was born
between the crevices of the stone

con su secreta sílaba
dijo al pasar tu nombre
de planta abrasadora
y la escarpada roca levantada
como el muro del mundo
reconoció mi canto, bienamada,
y todas las cosas dijeron
tu amor, mi amor, amada,
porque la tierra, el tiempo, el mar, la isla,
la vida, la marea,
el germen que entreabre
sus labios en la tierra,
la flor devoradora,
el movimiento de la primavera,
todo nos reconoce.
Nuestro amor ha nacido
fuera de las paredes,
en el viento,
en la noche,
en la tierra,
y por eso la arcilla y la corola,
el barro y las raíces
saben cómo te llamas,
y saben que mi boca
se juntó con la tuya
porque en la tierra nos sembraron juntos
sin que sólo nosotros lo supiéramos
y que crecemos juntos
y florecemos juntos
y por eso
cuando pasamos,
tu nombre está en los pétalos
de la rosa que crece en la piedra,
mi nombre está en las grutas.
Ellos todo lo saben,
no tenemos secretos,

with its secret syllable
spoke, as it passed, your name
of blazing plant
and the steep rock, raised
like the wall of the world,
knew my song, well beloved,
and all things spoke of
your love, my love, beloved,
because earth, time, sea, island,
life, tide,
the seed that half opens
its lips in the earth,
the devouring flower,
the movement of spring,
everything recognizes us.
Our love was born
outside the walls,
in the wind,
in the night,
in the earth,
and that's why the clay and the flower,
the mud and the roots
know your name,
and know that my mouth
joined yours
because we were sown together in the earth
and we alone did not know it
and that we grow together
and flower together
and therefore
when we pass,
your name is on the petals
of the rose that grows on the stone,
my name is in the grottoes.
They know it all,
we have no secrets,

hemos crecido juntos
pero no lo sabíamos.
El mar conoce nuestro amor, las piedras
de la altura rocosa
saben que nuestros besos florecieron
con pureza infinita,
como en sus intersticios una boca
escarlata amanece:
así como nuestro amor y el beso
que reúne tu boca y la mía
en una flor eterna.
Amor mío,
la primavera dulce,
flor y mar, nos rodean.
No la cambiamos
por nuestro invierno,
cuando el viento
comenzó a descifrar tu nombre
que hoy en todas las horas repite,
cuando
las hojas no sabían
que tú eras una hoja,
cuando
las raíces
no sabían que tú me buscabas
en mi pecho.
Amor, amor,
la primavera
nos ofrece el cielo,
pero la tierra oscura
es nuestro nombre,
nuestro amor pertenece
a todo el tiempo y la tierra.
Amándonos, mi brazo
bajo tu cuello de arena,

we have grown together
but we did not know it.
The sea knows our love, the stones
of the rocky height
know that our kisses flowered
with infinite purity,
as in their crevices a scarlet
mouth dawns:
just as our love and the kiss
that joins your mouth and mine
in an eternal flower.
My love,
sweet spring,
flower and sea, surround us.
We did not change it
for our winter,
when the wind
began to decipher your name
that today at all hours it repeats,
when
the leaves did not know
that you were a leaf,
when
the roots
did not know that you were seeking me
in my breast.
Love, love,
spring
offers us the sky,
but the dark earth
is our name,
our love belongs
to all time and the earth.
Loving each other, my arm
beneath your neck of sand,

esperaremos
como cambian la tierra y el tiempo
en la isla,
como caen las hojas
de las enredaderas taciturnas,
como se va el otoño
por la ventana rota.
Pero nosotros
vamos a esperar
a nuestro amigo,
a nuestro amigo de ojos rojos,
el fuego,
cuando de nuevo el viento
sacuda las fronteras de la isla
y desconozca el nombre
de todos,
el invierno
nos buscará, amor mío,
siempre
nos buscará, porque lo conocemos,
porque no lo tememos,
porque tenemos
con nosotros
el fuego
para siempre,
tenemos
la tierra con nosotros
para siempre,
la primavera con nosotros
para siempre,
y cuando se desprenda
de las enredaderas
una hoja,
tú sabes, amor mío,
qué nombre viene escrito
en esa hoja,

we shall wait
as earth and time change
on the island,
as the leaves fall
from the silent climbing vines,
as autumn departs
through the broken window.
But we
are going to wait for
our friend,
our red-eyed friend,
the fire,
when the wind again
shakes the frontiers of the island
and does not know the names
of everyone,
winter
will seek us, my love,
always
it will seek us, because we know it,
because we do not fear it,
because we have
with us
fire
forever,
we have
earth with us
forever,
spring with us
forever,
and when a leaf
falls
from the climbing vines,
you know, my love,
what name is written
on that leaf,

un nombre que es el tuyo y es el mío,
nuestro nombre de amor, un solo
ser, la flecha
que atravesó el invierno,
el amor invencible,
el fuego de los días,
una hoja
que me cayó en el pecho,
una hoja del árbol
de la vida
que hizo nido y cantó,
que echó raíces,
que dio flores y frutos.
Y así ves, amor mío,
cómo marcho
por la isla,
por el mundo,
seguro en medio de la primavera,
loco de luz en el frío,
andando tranquilo en el fuego,
levantando tu peso
de pétalo en mis brazos
como si nunca hubiera caminado
sino contigo, alma mía,
como si no supiera caminar
sino contigo,
como si no supiera cantar
sino cuando tú cantas.

a name that is yours and mine,
our love name, a single
being, the arrow
that pierced winter,
the invincible love,
the fire of the days,
a leaf
that dropped upon my breast,
a leaf from the tree
of life
that made a nest and sang,
that put out roots,
that gave flowers and fruits.
And so you see, my love,
how I move
around the island,
around the world,
safe in the midst of spring,
crazy with light in the cold,
walking tranquil in the fire,
lifting your petal
weight in my arms
as if I had never walked
except with you, my heart,
as if I could not walk
except with you,
as if I could not sing
except when you sing.

LA CARTA EN EL CAMINO

Adiós, pero conmigo
serás, irás adentro
de una gota de sangre que circule en mis venas
o fuera, beso que me abraza el rostro
o cinturón de fuego en mi cintura.
Dulce mía, recibe
el gran amor que salió de mi vida
y que en ti no encontraba territorio
como el explorador perdido
en las islas del pan y de la miel.
Yo te encontré después
de la tormenta,
la lluvia lavó el aire
y en el agua
tus dulces pies brillaron como peces.

Adorada, me voy a mis combates.

Arañaré la tierra para hacerte una cueva
y allí tu Capitán
te esperará con flores en el lecho.
No pienses más, mi dulce,
en el tormento
que pasó entre nosotros
como un rayo de fósforo
dejándonos tal vez su quemadura.
La paz llegó también porque regreso
a luchar a mi tierra,
y como tengo el corazón completo
con la parte de sangre que me diste
para siempre,

LETTER ON THE ROAD

Farewell, but you will be
with me, you will go within
a drop of blood circulating in my veins
or outside, a kiss that burns my face
or a belt of fire at my waist.
My sweet, accept
the great love that came out of my life
and that in you found no territory
like the explorer lost
in the isles of bread and honey.
I found you after
the storm,
the rain washed the air
and in the water
your sweet feet gleamed like fishes.

Adored one, I am off to my fighting.

I shall scratch the earth to make you a cave
and there your Captain
will wait for you with flowers in the bed.
Think no more, my sweet,
about the anguish
that went on between us
like a bolt of phosphorous
leaving us perhaps its burning.
Peace arrived too because I return
to my land to fight,
and as I have a whole heart
with the share of blood that you gave me
forever,

y como
llevo
las manos llenas de tu ser desnudo,
mírame,
mírame,
mírame por el mar, que voy radiante,
mírame por la noche que navego,
y mar y noche son los ojos tuyos.
No he salido de ti cuando me alejo.
Ahora voy a contarte:
mi tierra será tuya,
yo voy a conquistarla,
no sólo para dártela,
sino que para todos,
para todo mi pueblo.
Saldrá el ladrón de su torre algún día.
Y el invasor será expulsado.
Todos los frutos de la vida
crecerán en mis manos
acostumbrados antes a la pólvora.
Y sabré acariciar las nuevas flores
porque tú me enseñaste la ternura.
Dulce mía, adorada,
vendrás conmigo a luchar cuerpo a cuerpo
porque en mi corazón viven tus besos
como banderas rojas,
y si caigo, no sólo
me cubrirá la tierra
sino este gran amor que me trajiste
y que vivió circulando en mi sangre.
Vendrás conmigo,
en esa hora te espero,
en esa hora y en todas las horas,
en todas las horas te espero.
Y cuando venga la tristeza que odio
a golpear a tu puerta,

and as
I have
my hands filled with your naked being,
look at me,
look at me,
look at me across the sea, for I go radiant,
look at me across the night through which I sail,
and sea and night are those eyes of yours.
I have not left you when I go away.
Now I am going to tell you:
my land will be yours,
I am going to conquer it,
not just to give it to you,
but for everyone,
for all my people.
The thief will come out of his tower some day.
And the invader will be expelled.
All the fruits of life
will grow in my hands
accustomed once to powder.
And I shall know how to touch the new flowers gently
because you taught me tenderness.
My sweet, adored one,
you will come with me to fight face to face
because your kisses live in my heart
like red banners,
and if I fall, not only
will earth cover me
but also this great love that you brought me
and that lived circulating in my blood.
You will come with me,
at that hour I wait for you,
at that hour and at every hour,
at every hour I wait for you.
And when the sadness that I hate comes
to knock at your door,

dile que yo te espero
y cuando la soledad quiera que cambies
la sortija en que está mi nombre escrito,
dile a la soledad que hable conmigo,
que yo debí marcharme
porque soy un soldado,
y que allí donde estoy,
bajo la lluvia o bajo
el fuego,
amor mío, te espero.
Te espero en el desierto más duro
y junto al limonero florecido,
en todas las partes donde esté la vida,
donde la primavera está naciendo,
amor mío, te espero.
Cuando te digan: "Ese hombre
no te quiere," recuerda
que mis pies están solos en esa noche, y buscan
los dulces y pequeños pies que adoro.
Amor, cuando te digan
que te olvidé, y aun cuando
sea yo quien lo dice,
cuando yo te lo diga,
no me creas,
quién y cómo podrían
cortarte de mi pecho
y quién recibiría
mi sangre
cuando hacia ti me fuera desangrando?
Pero tampoco puedo
olvidar a mi pueblo.
Voy a luchar en cada calle,
detrás de cada piedra.
Tu amor también me ayuda:
es una flor cerrada

tell her that I am waiting for you
and when loneliness wants you to change
the ring in which my name is written,
tell loneliness to talk with me,
that I had to go away
because I am a soldier,
and that there where I am,
under rain or under
fire,
my love, I wait for you.
I wait for you in the harshest desert
and next to the flowering lemon tree,
in every place where there is life,
where spring is being born,
my love, I wait for you.
When they tell you: "That man
does not love you," remember
that my feet are alone in that night, and they seek
the sweet and tiny feet that I adore.
Love, when they tell you
that I have forgotten you, and even when
it is I who say it,
when I say it to you,
do not believe me,
who could and how could anyone
cut you from my heart
and who would receive
my blood
when I went bleeding toward you?
But still I can not
forget my people.
I am going to fight in each street,
behind each stone.
Your love also helps me:
it is a closed flower

147

que cada vez me llena con su aroma
y que se abre de pronto
dentro de mí como una gran estrella.

Amor mío, es de noche.

El agua negra, el mundo
dormido me rodean.
Vendrá luego la aurora,
y yo mientras tanto te escribo
para decirte: "Te amo."
Para decirte "Te amo," cuida,
limpia, levanta,
defiende
nuestro amor, alma mía.
Yo te lo dejo como si dejara
un puñado de tierra con semillas.
De nuestro amor nacerán vidas.
En nuestro amor beberán agua.
Tal vez llegará un día
en que un hombre
y una mujer, iguales
a nosotros,
tocarán este amor y aún tendrá fuerza
para quemar las manos que lo toquen.
Quiénes fuimos? Qué importa?
Tocarán este fuego
y el fuego, dulce mía, dirá tu simple nombre
y el mío, el nombre
que tú sola supiste porque tú sola
sobre la tierra sabes
quién soy, y porque nadie me conoció como una,
como una sola de tus manos,
porque nadie
supo cómo ni cuándo
mi corazón estuvo ardiendo:

148

that constantly fills me with its aroma
and that opens suddenly
within me like a great star.

My love, it is night.

The black water, the sleeping
world surround me.
Soon dawn will come,
and meanwhile I write you
to tell you: "I love you."
To tell you "I love you," care for,
clean, lift up,
defend
our love, my darling.
I leave it with you as if I left
a handful of earth with seeds.
From our love lives will be born.
In our love they will drink water.
Perhaps a day will come
when a man
and a woman, like
us,
will touch this love and it will still have the strength
to burn the hands that touch it.
Who were we? What does it matter?
They will touch this fire
and the fire, my sweet, will say your simple name
and mine, the name
that only you knew, because you alone
upon earth know
who I am, and because nobody knew me like one,
like just one hand of yours,
because nobody
knew how or when
my heart was burning:

tan sólo
tus grandes ojos pardos lo supieron,
tu ancha boca,
tu piel, tus pechos,
tu vientre, tus entrañas
y el alma tuya que yo desperté
para que se quedara
cantando hasta el fin de la vida.

Amor, te espero.
Adiós, amor, te espero.
Amor, amor, te espero.

Y así esta carta se termina
sin ninguna tristeza:
están firmes mis pies sobre la tierra,
mi mano escribe esta carta en el camino,
y en medio de la vida estaré
siempre
junto al amigo, frente al enemigo,
con tu nombre en la boca
y un beso que jamás
se apartó de la tuya.

only
your great dark eyes knew,
your wide mouth,
your skin, your breasts,
your belly, your insides,
and your soul that I awoke
so that it would go on
singing until the end of life.

Love, I am waiting for you.
Farewell, love, I am waiting for you.
Love, love, I am waiting for you.

And so this letter ends
with no sadness:
my feet are firm upon the earth,
my hand writes this letter on the road,
and in the midst of life I shall be
always
beside the friend, facing the enemy,
with your name on my mouth
and a kiss that never
broke away from yours.